São Jorge

CÓPIA NÃO AUTORIZADA É CRIME
ABDR
ASSOCIAÇÃO BRASILEIRA DE DIREITOS REPROGRÁFICOS
RESPEITE O DIREITO AUTORAL

Elam de Almeida Pimentel

São Jorge

Invocado nos momentos de tentações e perseguições

Novena e ladainha

Petrópolis

Rua Frei Luís, 100
25689-900 Petrópolis, RJ
www.vozes.com.br
Brasil

4ª edição, 2014.

2ª reimpressão, 2017.

Editoração: Fernando Sergio Olivetti da Rocha
Diagramação: AG.SR Desenv. Gráfico
Capa: Omar Santos

ISBN 978-85-326-3884-7

Editado conforme o novo acordo ortográfico.

Este livro foi composto e impresso pela Editora Vozes Ltda.

Sumário

APRESENTAÇÃO

São Jorge é comemorado em 23 de abril. É protetor de corporações militares e dos bombeiros. É o santo que é lembrado nos momentos de perseguições, invocado também para terminar com vinganças e invejas, combatendo o mal.

A devoção a São Jorge aumenta a cada dia e, embora sua biografia não seja amparada por dados históricos, tornou-se um santo cujo culto e nome são conhecidos em vários países.

Este livrinho contém a vida de São Jorge, sua novena, oração e ladainha. Durante a novena, os devotos refletirão sobre breves passagens do Evangelho, seguidas de uma oração para o pedido da graça especial, acompanhada de um Pai-nosso, uma Ave-Maria e um Glória ao Pai.

Tradição sobre a vida de São Jorge

A tradição conta que São Jorge nasceu na Capadócia, região atualmente pertencente à Turquia. Após o pai falecer, Jorge e sua mãe mudaram-se para a Palestina e, lá, ele entrou para o exército romano. Devido a sua dedicação e habilidade, foi promovido a capitão do exército de Diocleciano, e, com 23 anos, passou a residir na corte imperial em Roma, exercendo altas funções.

Mais tarde, quando Diocleciano declarou guerra aos cristãos, Jorge, um jovem general, se opôs e defendeu com grande ousadia sua fé em Jesus Cristo como Senhor e Salvador dos homens. O imperador tentou fazê-lo desistir da fé em Cristo, mas Jorge respondia: "Não, imperador! Eu sou servo de um Deus vivo! Somente a Ele eu temerei e adorarei". A partir daí, começaram seus sofrimentos: Jorge foi colocado em uma roda com facas de dois gumes espalhadas a sua volta, mas as facas se quebraram. Foi jogado dentro de um caldeirão cheio de chumbo derretido, e sobreviveu. Diocleciano, mudando de tática, pediu gentilmente que Jorge se convertesse ao culto dos deuses do Império Romano. Jorge disse ter aceitado a proposta, mas, assim que chegou ao altar dos deuses, pediu ao Senhor que destruísse tal templo e todos os ídolos e, imediatamente, o local foi destruído.

Jorge foi também perfurado com garfos de ferro, espetado com lanças dos soldados, queimado, colocado sob o peso de uma pedra gigante e envenenado. Os soldados que o torturaram, após verem Jorge sair ileso de tais torturas, se converteram ao cristianismo.

Diocleciano, então, mandou cortar a cabeça de Jorge em 23 de abril de 303 (Jorge estava com 30 anos de idade). Sua sepultura está na Lídia, cidade de São Jorge, perto de Jerusalém, na Palestina.

A devoção a São Jorge rapidamente tornou-se popular. Seu culto se espalhou pelo

Oriente e, por ocasião das Cruzadas, teve grande penetração no Ocidente. No Brasil, no século XIX, o rei português, Dom João VI, decretou a obrigatoriedade da imagem de São Jorge nas procissões de *Corpus Christi*.

Os escravos africanos, ao chegarem ao Brasil, foram proibidos de manifestar as suas crenças e se apegaram à imagem de São Jorge. A ideia do jovem lutador deu aos escravos uma esperança de vencer a dor e o sofrimento e um dia voltar para a terra de onde vieram. Assim, São Jorge é associado aos orixás guerreiros: Xangô e Ogum.

São Jorge é patrono do Corinthians, time paulista, que vê na perseverança e coragem dele um incentivo para os jogadores.

O sofrimento e o martírio vividos pelo soldado Jorge o transformaram em um símbolo de luta e resistência. Por isso, ele é considerado como um poderoso combatente contra o mal e vencedor de todas as lutas, por mais difíceis que sejam. A lenda do soldado que tinha o corpo fechado se alastrou rapidamente.

Lenda: um horrível dragão saía de vez em quando das profundezas de um lago e se atirava contra os muros da cidade, trazendo-lhe a morte. Para ter afastado tamanho flagelo, a população do lugar lhe oferecia jovens vítimas, pegas por sorteio. Um dia coube à filha do rei ser oferecida em comida ao monstro. O monarca, que nada pôde fazer para evitar esse horrível destino da tenra filhinha, acompanhou-a com lágrimas até as margens do lago. A princesa parecia irremediavelmente destinada a um fim atroz, quando, de repente, apareceu um corajoso cavaleiro, vindo da Capadócia. Era São Jorge. O Valente Guerreiro desembainhou a espada e, em pouco tempo, reduziu o terrível dragão a um manso cordeirinho, que a jovem levou preso numa corrente até dentro dos muros da cidade, entre a admiração de todos os habitantes que se fechavam em casa, cheios de pavor. O misterioso cavaleiro lhes assegurou, gritando, que tinha vindo, em nome de Cristo, para vencer o dragão. Eles deviam converter-se e ser batizados.

Imagem – em muitas imagens, São Jorge aparece vestindo uma armadura ornamentada com uma cruz vermelha, que se tornou símbolo dele. A lança e a espada o ajudaram a matar o dragão, que, para muitos, representa satanás. O cavalo branco faz lembrar que São Jorge era um soldado.

São Jorge é lembrado por seus devotos como o guerreiro que combate o mal, sendo invocado nos momentos de perseguições, de desemprego, de conflitos.

NOVENA DE SÃO JORGE

1º dia

Iniciemos com fé este primeiro dia de nossa novena, invocando a presença da Santíssima Trindade: em nome do Pai, do Filho e do Espírito Santo. Amém.

Leitura bíblica: Sl 56,10-12

Meus inimigos baterão em retirada
no dia em que eu clamar a ti.
Isto eu sei: Deus está a meu favor.
Em Deus, cuja palavra eu louvo,
neste Deus eu confio e nada temo:
o que poderá um ser humano fazer contra mim?

Reflexão

O salmo mostra uma total confiança do salmista em Deus, uma fé inabalável no Deus único, criador do universo. A fé é um dom de Deus oferecido a todos, e este dom deve ser cultivado por todos nós. São Jorge, iluminado pela fé em Deus, sentiu o amparo divino em todos os momentos de sua vida. Vamos seguir o exemplo de São Jorge e ter uma fé inabalável em Deus.

Oração

Glorioso São Jorge, fortalecei minha fé. Dai-me coragem e esperança. Confiante em vosso poder, eu vos peço que venhais em meu auxílio, ajudando-me a... (fazer o pedido).

Pai-nosso.

Ave-Maria.

Glória ao Pai.

São Jorge, intercedei por nós.

2º dia

Iniciemos com fé este segundo dia de nossa novena, invocando a presença da Santíssima Trindade: em nome do Pai, do Filho e do Espírito Santo. Amém.

Leitura bíblica: Is 26,3

O pensamento está firme: tu conservas a paz, a paz, porque tem confiança em ti. Confiai no Senhor para sempre, porque o Senhor é uma rocha eterna.

Reflexão

Todos nós passamos por provações em nossas vidas e, nesses momentos, é preciso perseverar na fé em Deus. São Jorge também teve muitos momentos de adversidades, perseguições e continuou firme na fé em Deus. E esta entrega total ao Pai nos ajuda a encontrar a paz mesmo nas situações difíceis.

Oração

São Jorge, soldado de Cristo, ouvi meu apelo e apresentai a Deus todo-poderoso meu pedido... (falar o pedido). Confiante em vosso poder, eu vos peço proteção neste momento.

Pai-nosso.

Ave-Maria.

Glória ao Pai.

São Jorge, intercedei por nós.

3º dia

Iniciemos com fé este terceiro dia de nossa novena, invocando a presença da Santíssima Trindade: em nome do Pai, do Filho e do Espírito Santo. Amém.

Leitura bíblica: Sl 3

Senhor, quão numerosos são meus adversários!
Quantos se levantam contra mim!
Quantos dizem de mim:
"Não há para ele salvação em Deus!"
Mas tu, Senhor, és um escudo para mim,
és minha glória e manténs erguida minha cabeça.
Com minha voz clamo ao Senhor,
e Ele me responde do seu manto santo.
Posso deitar-me, dormir e acordar,
Pois o Senhor me sustenta.
Não temo as multidões do povo
que tomam posição contra mim de todos os lados.
Levanta-te, Senhor!

Salva-me, ó Deus meu!,
pois Tu golpeias no queixo todos os meus inimigos
e quebras os dentes dos ímpios.
De ti, Senhor, vem a salvação,
e, sobre teu povo, a tua bênção.

Reflexão

O salmo nos mostra uma total confiança na proteção divina. São Jorge teve essa confiança em Jesus desde sua infância, nunca se afastando de seus ensinamentos. O exemplo de São Jorge deve ser seguido por todos os cristãos: rezando, louvando, agradecendo e seguindo os ensinamentos de Jesus.

Oração

Poderoso São Jorge, protegei-me e defendei-me de todas as maldades e perseguições de meus inimigos. Vinde-me em meu socorro, ajudando-me a... (fazer o pedido). Dai-me coragem e esperança e fortalecei minha fé em Jesus, Nosso Senhor. Amém.

Pai-nosso.
Ave-Maria.
Glória ao Pai.
São Jorge, intercedei por nós.

4º dia

Iniciemos com fé este quarto dia de nossa novena, invocando a presença da Santíssima Trindade: em nome do Pai, do Filho e do Espírito Santo. Amém.

Leitura bíblica: Rm 12,21

Não te deixes vencer pelo mal, mas triunfa do mal com o bem.

Reflexão

Devemos evitar o máximo possível as situações que podem nos levar a ser tentados para o mal. São Jorge foi tentado para renunciar a Cristo e resistiu. Nos momentos de tentação o cristão deve conversar com Deus, pois, através da oração, com certeza, encontrará a luz necessária para vencer o mal.

Oração

São Jorge, Santo Guerreiro, abri os meus caminhos, livrai-me dos meus inimigos, protegendo-me e afastando-me de... (mencionar o motivo que o(a) aflige).

Pai-nosso.

Ave-Maria.

Glória ao Pai.

São Jorge, intercedei por nós.

5º dia

Iniciemos com fé este quinto dia de nossa novena, invocando a presença da Santíssima Trindade: em nome do Pai, do Filho e do Espírito Santo. Amém.

Leitura bíblica: Sl 91,14-15

> Porque ele se apegou a mim, eu o libertarei; eu o protegerei, pois conhece meu nome. Quando me invocar, eu lhe responderei; estarei com ele na tribulação, eu o livrarei e o glorificarei.

Reflexão

Jesus é nossa esperança, em qualquer situação de conflito, de angústia. Ele nos ama e está presente em todos os momentos, mesmo quando estamos sofrendo. São Jorge soube reconhecer a presença de Deus em sua vida, desde criança, e assim vamos procurar seguir o exemplo deste santo guerreiro, invocando sempre Jesus em nossa vida.

Oração

Querido São Jorge, ajudai-nos a reconhecer Jesus em todos os momentos de nossa vida, não nos desanimando perante as dificuldades.

São Jorge, Santo Guerreiro, atendei ao pedido especial que fazemos nesta novena... (fazer o pedido).

Pai-nosso.

Ave-Maria.

Glória ao Pai.

São Jorge, intercedei por nós.

6º dia

Iniciemos com fé este sexto dia de nossa novena, invocando a presença da Santíssima Trindade: em nome do Pai, do Filho e do Espírito Santo. Amém.

Leitura do Evangelho: Jo 12,46

Eu vim como a luz do mundo, para que todo aquele que crer em mim não fique na escuridão.

Reflexão

Baseado nesta passagem do Evangelho, segundo São João, Jesus é nosso Salvador e nosso Libertador. Ele nos ama e nos ilumina, fortalecendo-nos ao enfrentarmos perseguições, angústias, medos. São Jorge aceitou Jesus como a "luz" de toda sua vida.

Oração

São Jorge, santo poderosíssimo que jamais desampara a quem a vós recorre, acolhei-me neste momento e alcançai-me a graça de que tanto necessito... (fazer o pedido).

Pai-nosso.

Ave-Maria.

Glória ao Pai.

São Jorge, intercedei por nós.

7º dia

Iniciemos com fé este sétimo dia de nossa novena, invocando a presença da Santíssima Trindade: em nome do Pai, do Filho e do Espírito Santo. Amém.

Leitura bíblica: 2Tm 1,7

> Pois Deus não nos deu um espírito de timidez, mas de fortaleza, amor e sobriedade. Não te envergonhes de dar testemunho do nosso Senhor...

Reflexão

Devemos nos fortalecer com Deus diante das fraquezas, do medo, das dúvidas, dos inimigos. Fortalecer nossa fé em Deus, mantendo o equilíbrio e o pensamento firme em Jesus Cristo, nosso Senhor, dando, sempre que necessário, nosso testemunho do valor da presença dele em nossa vida. Assim fez São Jorge, o Santo Guerreiro.

Oração

São Jorge, soldado de Cristo, vindo em meu auxílio, defendei-me dos meus inimigos. Eu aceito Jesus Cristo como meu único Senhor e Salvador. Eu peço agora que afasteis de mim... (mencionar o pedido da novena).

Pai-nosso.

Ave-Maria.

Glória ao Pai.

São Jorge, intercedei por nós.

8º dia

Iniciemos com fé este oitavo dia de nossa novena, invocando a presença da Santíssima Trindade: em nome do Pai, do Filho e do Espírito Santo. Amém.

Leitura bíblica: Sl 59,2-3

Meu Deus, livra-me dos meus inimigos,
protege-me dos meus agressores!
Livra-me dos malfeitores,
salva-me dos homens sanguinários!

Reflexão

O salmista se refugia em Deus. São Jorge, diante das adversidades e perseguições, conservou sua fidelidade a Jesus. Devemos seguir o exemplo deste santo guerreiro, colocando nossos sofrimentos nas mãos de Jesus Cristo.

Oração

Ó São Jorge, meu santo guerreiro, invencível na fé em Deus, abri meus caminhos. Defendei-me com vossa força e grandeza, ajudando-me a alcançar a graça que vos peço... (fazer o pedido).

Pai-nosso.

Ave-Maria.

Glória ao Pai.

São Jorge, intercedei por nós.

9º dia

Iniciemos com fé este nono dia de nossa novena, invocando a presença da Santíssima Trindade: em nome do Pai, do Filho e do Espírito Santo. Amém.

Leitura bíblica: Fl 4,6

> Não vos inquieteis por coisa alguma. Em todas as circunstâncias, apresentai a Deus as vossas necessidades em

oração e súplica, acompanhadas de ação de graças.

Reflexão

A oração é uma das formas de mostrarmos nossa devoção a Deus, ficando mais perto dele. O verdadeiro sentido da oração é a fé, é acreditar que tudo é possível, se for da vontade de Deus.

Oração

Ó valente São Jorge, com humildade recorro a vós, na certeza de vosso auxílio, pedindo vossa intercessão junto a Deus, nosso Pai, para acabar com o meu sofrimento... (fazer o pedido). São Jorge, fortalecei minha fé em Deus, dai-me coragem e esperança. Abri meus caminhos, protegendo-me de meus inimigos. Livrai-me da angústia, da tristeza, da inveja. Livrai-me de todo malefício. Amém.

Pai-nosso.

Ave-Maria.

Glória ao Pai.

São Jorge, intercedei por nós.

Oração a São Jorge

Glorioso São Jorge, protegei-me e defendei-me, com o poder de Deus, de Jesus Cristo e do Divino Espírito Santo, contra as forças de meus inimigos carnais e espirituais.

Defendei a minha casa e minha família, abrindo nossos caminhos, afastando os obstáculos que nos perturbam, dando-nos coragem e esperança.

São Jorge, creio em vós e em vós espero e confio. Ajudai-me em todas as dificuldades. Livrai-me de todo o mal.

São Jorge, santo milagroso e guerreiro, fortalecei nossa fé em Deus, em Jesus Cristo e no Divino Espírito Santo. Amém.

LADAINHA DE SÃO JORGE

Senhor, tende piedade de nós.
Jesus Cristo, tende piedade de nós.
Senhor, tende piedade de nós.

Jesus Cristo, escutai-nos.
Jesus Cristo, atendei-nos.

Pai celeste, que sois Deus, tende piedade de nós.
Deus Filho, redentor do mundo, tende piedade de nós.
Deus Espírito Santo, tende piedade de nós.
Santíssima Trindade, que sois um só Deus, tende piedade de nós.

Santa Maria, rainha dos mártires, rogai por nós.
São Jorge, santo guerreiro, rogai por nós.

São Jorge, príncipe dos mártires, rogai por nós.

São Jorge, fonte de fé e esperança, rogai por nós.

São Jorge, mediador dos processos urgentes, rogai por nós.

São Jorge, glorioso santo, rogai por nós.

São Jorge, santo misericordioso, rogai por nós.

São Jorge, defensor da fé cristã, rogai por nós.

São Jorge, defensor das casas contra os assaltantes, rogai por nós.

São Jorge, cavaleiro corajoso, rogai por nós.

São Jorge, santo louvado e amado, rogai por nós.

São Jorge, santo que combate o mal, rogai por nós.

São Jorge, lembrado nos momentos de perseguição, rogai por nós.

São Jorge, santo que combate a inveja e o mal, rogai por nós.

São Jorge, santo protetor das corporações militares, rogai por nós.

São Jorge, patrono dos bombeiros, rogai por nós.
São Jorge, símbolo de luta e resistência, rogai por nós.
São Jorge, guerreiro que combate o mal, rogai por nós.
São Jorge, fiel aos princípios cristãos, rogai por nós.
São Jorge, defensor dos injustiçados, rogai por nós.
São Jorge, santo de poder, rogai por nós.
São Jorge, santo da esperança, rogai por nós.
São Jorge, santo que leva nossas preces ao trono divino, rogai por nós.
São Jorge, auxílio nas tribulações, rogai por nós.

Cordeiro de Deus, que tirais os pecados do mundo, perdoai-nos, Senhor.
Cordeiro de Deus, que tirais os pecados do mundo, atendei-nos, Senhor.
Cordeiro de Deus, que tirais os pecados do mundo, tende piedade de nós, Senhor.

Jesus Cristo, ouvi-nos.
Jesus Cristo, atendei-nos.

Rogai por nós, São Jorge.
Para que sejamos dignos das promessas de Cristo.